essentials

Springer Essentials sind innovative Bücher, die das Wissen von Springer DE in kompaktester Form anhand kleiner, komprimierter Wissensbausteine zur Darstellung bringen. Damit sind sie besonders für die Nutzung auf modernen Tablet-PCs und eBook-Readern geeignet. In der Reihe erscheinen sowohl Originalarbeiten wie auch aktualisierte und hinsichtlich der Textmenge genauestens konzentrierte Bearbeitungen von Texten, die in maßgeblichen, allerdings auch wesentlich umfangreicheren Werken des Springer Verlags an anderer Stelle erscheinen. Die Leser bekommen „self-contained knowledge" in destillierter Form: Die Essenz dessen, worauf es als „State-of-the-Art" in der Praxis und/oder aktueller Fachdiskussion ankommt.

Harald Motzki

Wie glaubwürdig sind die Hadithe?

Die klassische islamische Hadith-Kritik im Licht moderner Wissenschaft

Harald Motzki
Radboud Universiteit Nijmegen
Niederlande

ISSN 2197-6708   ISSN 2197-6716 (electronic)
ISBN 978-3-658-04378-0   ISBN 978-3-658-04379-7 (eBook)
DOI 10.1007/978-3-658-04379-7

Die Deutsche Nationalbibliothek verzeichnet diese Publikation in der Deutschen Nationalbibliografie; detaillierte bibliografische Daten sind im Internet über http://dnb.d-nb.de abrufbar.

Springer VS

Springer VS ist eine Marke von Springer DE. Springer DE ist Teil der Fachverlagsgruppe Springer Science+Business Media
www.springer-vs.de

Vorwort

Der vorliegende Aufsatz verdankt seine Entstehung der Initiative von Thorsten Gerald Schneiders. Er bat mich im Herbst 2007, einen Beitrag zum Thema „Ewig wahre Quellen – wie glaubwürdig sind die Hadithe? Die klassisch-islamische Hadith-Kritik im Licht moderner Wissenschaften" für den von ihm herausgegebenen Sammelband *Islamverherrlichung. Wenn die Kritik zum Tabu wird* beizusteuern. Schneiders schrieb mir damals: „Ausgangspunkt für das Projekt sind die an manchen Stellen aggressiven und pauschalisierten Verurteilungen der Religion des Islam und der Muslime in der Öffentlichkeit. Zugleich ist es jedoch unerlässlich, die Religion des Islam wie auch die Quellenauslegung ihrer Anhänger einer fundierten und offenen Kritik zu unterziehen. Derartige Kritik sollte allerdings nicht um der reinen Kritik willen geschehen oder mit einer anderen Absicht als der, Lösungsansätze zu ermöglichen, die einer Weiterentwicklung der Religion förderlich sind. Während es Ziel des ersten Bandes ist, Ideologie getragene und unsachgemäße Laienkritik anhand von Beispielen zu entlarven, soll Band II theologische Grundlagenkritik an den Stellen üben, wo es „weh tut", und den gegenwärtigen Umgang mit dem islamischen Erbe in Deutschland bzw. Europa unter die Lupe nehmen." In seiner Einleitung zu dem 2010 erschienen Sammelband II nennt Schneiders den Leitgedanken des Buches „vernünftige Islamkritik". Die Konzeption des Bandes überzeugte mich, deshalb bin ich seiner Bitte gern nachgekommen.

Inhaltsverzeichnis

Einleitung 1

Führende Vertreter der westlichen Islamwissenschaft im 19 und 20. Jahrhundert hatten eine sehr negative Meinung über die Echtheit der Hadithe und über die islamische Hadith-Wissenschaft. Diese Auffassungen sind auch heute noch weit verbreitet. Der vorliegende Aufsatz versucht dagegen, die Anstrengungen der muslimischen Gelehrten zu würdigen, die Glaubwürdigkeit der Hadithe zu evaluieren und glaubwürdige von weniger glaubwürdigen zu unterscheiden. Andererseits sollen die Aspekte der klassischen muslimischen Hadith-Kritik, die aus der Sicht der modernen historischen Wissenschaften als Schwachpunkte anzusehen sind, nicht unter den Tisch gekehrt werden. In diesem Sinn kann vorliegende Beitrag auch Diskussionsstoff für die heutigen muslimischen Gebildeten und Gelehrten liefern. Der Aufsatz ist in drei Teile gegliedert: 1. Die Hadithe als Quelle des Gesetzes, 2. Die Hadithe in der klassischen islamischen Hadith-Kritik und 3. Die klassische islamische Hadith-Kritik im Licht der westlichen Islamwissenschaft.

H. Motzki, *Wie glaubwürdig sind die Hadithe?*, essentials,
DOI 10.1007/978-3-658-04379-7_1, © Springer Fachmedien Wiesbaden 2014

Die Hadithe als Quelle des Gesetzes 2

Mit dem arabischen Begriff *aḥādīṯ* (Singular: *ḥadīṯ*, das heißt Bericht, Überlieferung) bezeichnen die Muslime Überlieferungen über die *sunna* (den Brauch) des Propheten Muḥammad, also über das, was er tat, sagte oder stillschweigend geschehen ließ. Früher wurde der Begriff auch für Überlieferungen über Auffassungen oder Handlungsweisen der Prophetengefährten (*ṣaḥāba*) und deren Nachfolgegenerationen (*tābi'ūn*) gebraucht; im Prinzip treffen die Ausführungen dieses Beitrags auch auf diese Überlieferungen zu.

Die Hadithe sind für die Muslime nicht nur Texte, an denen sie sich in ihrer persönlichen Frömmigkeit orientieren können, wie das auch in anderen Religionen mit den Überlieferungen über ihre Religionsstifter der Fall ist. Die Überlieferungen über die Sunna des Propheten Muḥammad haben darüber hinaus eine normative Funktion. Sie sind in der islamischen Theorie der Gesetzesgelehrtheit (*uṣūl al-fiqh*) nach dem Koran die zweite grundlegende Quelle, aus der die Gesetzesgelehrten (*fuqahā'*) die *sharī'a*, das göttliche Gesetz, entwickelt haben. Die Sunna gilt wie der Koran als göttliche Offenbarung (*waḥy*), allerdings nicht buchstäblich wie das göttliche Wort des Korans, sondern nur inhaltlich. Die folgende Beschreibung und Erörterung des Hadith und der Hadith-Kritik bezieht sich auf die Auffassungen der sunnitischen Gelehrten.

Angesichts der zentralen Bedeutung der Sunna als Quelle der Scharia ist es nicht überraschend, dass sich die Theoretiker der islamischen Gesetzesgelehrtheit mit der Frage befassten, wie die Echtheit der Sunna festgestellt und begründet werden konnte. Die Worte und Taten des Propheten lagen ja nicht als Autographen von Augenzeugen vor, sondern in schriftlichen Sammlungen, die anderthalb oder mehr Jahrhunderte nach dessen Tod zusammengestellt worden waren. Der Gefahr, dass Überlieferungen im Lauf dieser langen Zeit fehlerhaft weitergeben oder verfälscht wurden, waren sich die Gesetzesgelehrten bewusst. Sie lösten das Problem mit Hilfe des *isnād*, der jedem ordentlichen Hadith vorangestellt ist.

H. Motzki, *Wie glaubwürdig sind die Hadithe?*, essentials,
DOI 10.1007/978-3-658-04379-7_2, © Springer Fachmedien Wiesbaden 2014

Der *isnād* ist eine Besonderheit der islamischen Überlieferungen. Er besteht aus einer Aneinanderreihung von Namen von Überlieferern, die angeblich den betreffenden Hadith, sowohl den Text als auch die genannten Tradenten, weitergegeben haben. Der *isnād* beginnt mit dem oder den Informanten des Autors der Sammlung und endet bei der Person, die etwas über den Propheten berichtet.

Die Gesetzesgelehrten waren nur dann bereit, einem Hadith das Prädikat authentisch zu geben, wenn dessen Überliefererketten (*asānīd*) zwei Bedingungen genügten. Sie mussten erstens ununterbrochen (*muttaṣil*) sein, das heißt jeder Überlieferer musste die Überlieferung von seinem angeblichen Informanten tatsächlich oder wahrscheinlich gehört haben. Zweitens war verlangt, dass in jeder Tradentengeneration mehrere Personen – das Minimum sind fünf, je mehr desto besser –, denselben Hadith unabhängig voneinander inhaltlich identisch weitergegeben haben. Eine solche Überlieferung nannte man dann „häufig belegt" (*mutawātir*). Hadithe, die diese beiden Bedingungen erfüllen, sah man als Quelle sicheren Wissens über die Sunna des Propheten an, da durch diese Bedingungen fehlerhafte Überlieferung oder Fälschung praktisch ausgeschlossen waren.

Die Zahl der Überlieferungen, die diesen Anforderungen genügte, war allerdings gering. Bei den meisten Hadithen finden sich am Ende ihrer Überliefererketten, meist bei den letzten drei Tradentengenerationen vor dem Propheten, dieselben Namen. Das bedeutet, dass die meisten Hadithe in der Generation der Prophetengefährten (*ṣaḥāba*) und in den beiden folgenden Generationen (ältere und jüngere *tābiʿūn*) jeweils nur von einer oder sehr wenigen Personen überliefert sind. Die muslimischen Gelehrten trugen dieser Situation Rechnung und akzeptierten notgedrungen auch diese Hadithe, vorausgesetzt deren Überliefererketten waren lückenlos. Sie stuften die Echtheit dieser Hadithe jedoch nur als mehr oder weniger wahrscheinlich ein.

Da in diesen Überlieferungen, die in einer oder mehreren Generationen nur von einer einzigen Person weitergegeben wurden (*ḥadīṯ al-āḥād, ḫabar wāḥid*), die überlieferten Informationen nicht durch mehrere Personen bestätigt werden, hängt die Wahrscheinlichkeit, dass sie wirklich inhaltlich korrekt auf den Propheten zurückgehen, von der Sorgfältigkeit der betreffenden Tradenten ab. Daraus ergab sich die Forderung, bei dieser Sorte von Hadithen die Zuverlässigkeit der Überlieferer sehr genau unter die Lupe zu nehmen. Die Überlieferer sollten auf folgende Kriterien geprüft werden: Rechtgläubigkeit, Alter beim Erhalt und der Weitergabe des betreffenden Hadith, intellektuelle Fähigkeiten, persönliche Integrität und Genauigkeit bei der Weitergabe von Überlieferungen. (Die Ausführungen dieses Abschnitts stützen sich auf Hallaq 1997: 58 ff.; Hallaq 1990; Krawietz 2002: 115–149; siehe auch Motzki 2009).

Zusammenfassend ist festzuhalten, dass schon die Theoretiker der klassischen islamischen Gesetzeswissenschaft erkannten, dass die Echtheit der Überlieferungen über die Sunna des Propheten nur in seltenen Fällen mit Sicherheit feststellbar ist und dass man sich daher im Allgemeinen mit einer mehr oder weniger wahrscheinlichen Glaubwürdigkeit begnügen müsse. Viele Muslime glauben, dass die Hadithe wie der Koran ewig wahre Quellen sind. Nach Auffassung der islamischen Gesetzesgelehrten sind sie es nicht. Die relative Glaubwürdigkeit der Hadithe im Einzelfall zu prüfen, war die Aufgabe der Hadith-Spezialisten.

Die Hadithe in der klassischen islamischen Hadith-Kritik

3

Zwischen dem 9 und 13. Jahrhundert nach der Zeitenwende (3. – 7. Jahrhundert nach der Hijra) verständigten sich die Hadith-Gelehrten (*muhaddiṯūn*) auf bestimmte Regeln, die bei der Überlieferung von Hadithen einzuhalten waren, und sie legten Kriterien fest, die es ermöglichen sollten, eine Überlieferung über den Propheten auf einer Glaubwürdigkeitsskala einzuordnen. Dieses Kriterien- und Regelwerk nannten sie Hadith-Wissenschaft (*'ilm al-ḥadīṯ*), in der westlichen Islamwissenschaft spricht man meist von Hadith-Kritik. Einer ihrer bedeutendsten Vertreter war Ibn aṣ-Ṣalāḥ aš-Šahrazūrī (gestorben 1245), der ein Standardwerk dazu verfasst hat, das die Grundlage der folgenden Skizze dieser Wissenschaft ist.

Die Hadith-Gelehrten teilen die Hadithe in drei Kategorien ein: glaubwürdig (*ṣaḥīḥ*), gut (*ḥasan*) – diese mittlere Kategorie kann auch mit dem Wort „akzeptabel" umschrieben werden – und schwach (*ḍa'īf*). Eine als glaubwürdig oder authentisch eingestufte Überlieferung muss die folgenden Bedingungen erfüllen: 1. Ihr *isnād* muss lückenlos sein. 2. Von jedem Überlieferer innerhalb der Kette muss sowohl seine persönliche Integrität (*'adāla*) als auch seine Genauigkeit (*ḍabṭ*) beim Überliefern entweder durch entsprechende Überlieferungen über ihn oder durch allgemeinen Konsens feststehen (Ibn aṣ-Ṣalāḥ 2006: 5, 81).

Ein Hadith zweiten Grades, der jedoch noch als „gut" akzeptiert wird, muss ebenfalls einen lückenlosen *isnād* haben. Er darf jedoch einen problematischen Überlieferer enthalten, zum Beispiel jemanden, dessen Integrität oder Genauigkeit nicht sicher feststeht, von dem aber auch nichts Gegenteiliges bekannt ist, oder eine Person, die zwar als integer gilt, doch dessen Überlieferungsgenauigkeit zu wünschen übrig lässt. Die Überlieferung eines in diesem Sinn problematischen Überlieferers wird aber nur dann akzeptiert und als „gut" eingestuft, wenn es parallele Überlieferungen von anderen Überlieferern gibt, die seine Hadith-Version bestätigen. Alle Überlieferungen dagegen, die nicht den Anforderungen der ersten beiden Kategorien genügen, werden als „schwach" eingestuft und sind damit als Quellen des Gesetzes disqualifiziert (Ibn aṣ-Ṣalāḥ 2006: 18, 25).

H. Motzki, *Wie glaubwürdig sind die Hadithe?, essentials*,
DOI 10.1007/978-3-658-04379-7_3, © Springer Fachmedien Wiesbaden 2014

Ibn aṣ-Ṣalāḥ macht allerdings darauf aufmerksam, dass diese Kategorisierung von Überlieferungen keinen Absolutheitsanspruch erhebt. Die Tatsache, dass ein Hadith als „glaubwürdig" (ṣaḥīḥ) eingestuft wird, bedeutet nicht notwendigerweise, dass er wirklich glaubwürdig ist, sondern lediglich, dass er es aufgrund der zugrunde gelegten Kriterien ist. Wirkliche Glaubwürdigkeit könnten nur Hadithe beanspruchen, die lückenlos *und* in jeder Generation von vielen Personen überliefert sind. Letzteres jedoch ist keine Bedingung für das Prädikat „glaubwürdig". Sogar ein als „schwach" eingestufter Hadith, kann in Wirklichkeit inhaltlich durchaus glaubwürdig sein und nur wegen eines fehlerhaften *isnāds* oder eines inakzeptablen Überlieferers disqualifiziert sein (Ibn aṣ-Ṣalāḥ 2006: 5).

Wie definieren die Hadith-Gelehrten die oben genannten drei Kriterien, mit Hilfe derer sie echte Hadithe von weniger glaubwürdigen unterscheiden? Das Kriterium des lückenlosen *isnāds* bedeutet, dass jeder Überlieferer in einer Überlieferungskette den damit verbundenen Hadith tatsächlich oder wahrscheinlich von der Person gehört haben muss, die in der Kette vor ihm als Informant genannt ist. Das muss bis zum Endpunkt des *isnāds* durchgehend der Fall sein, also im Fall der Propheten-Hadithe bis zum Propheten selbst (Ibn aṣ-Ṣalāḥ 2006: 29; zur Frage, wo ein *isnād* beginnt und endet, siehe Motzki 1996: 51). Von den beiden Kriterien, die sich auf die Glaubwürdigkeit der Überlieferer im *isnād* beziehen, bedeutet „Integrität" (ʿadāla), dass der Überlieferer beim Akt der Überlieferung die folgenden Anforderungen erfüllen muss: Er muss Muslim sein, erwachsen, vernunftbegabt, frei von sündhaften Neigungen und von Charakterschwächen. (Das Substantiv ʿadāla und das Adjektiv ʿadl werden oft auch mit „Unbescholtenheit" und „unbescholten" übersetzt. Das ist nicht falsch, doch deckt sich der Bedeutungsinhalt der deutschen Begriffe nicht ganz mit dem der arabischen. Siehe zu diesen Begriffen E. Tyan 1960. Der arabische Begriff für Volljährigkeit, *bulūġ*, entspricht inhaltlich in etwa dem deutschen Begriff volljährig, jedoch ist das Erreichen dieser Rechtskapazität in erster Linie an das Erreichen der Geschlechtsreife gekoppelt, nur im Zweifelsfall an feste Lebensjahre. Siehe Motzki 1985, 481–497).

„Genauigkeit" (ḍabṭ) heißt, dass der Überlieferer wachsam und sorgfältig sein muss; wenn er aus dem Gedächtnis überliefert, muss er mit gutem Erinnerungsvermögen ausgestattet sein, und wenn er von einer schriftlichen Vorlage überliefert, muss er dabei genau sein. Wenn er einen Hadith nicht wörtlich überliefert, sondern ihn nur paraphrasiert, muss er in der Lage sein, sicher zu stellen, dass sich dadurch der Inhalt nicht verändert (Ibn aṣ-Ṣalāḥ 2006: 81).

Wie wird der Grad der Glaubwürdigkeit eines Überlieferers festgestellt? Die Hadith-Gelehrten sehen zwei Möglichkeiten vor: eine ausdrückliche Erklärung seiner Integrität und Genauigkeit durch einen Hadith-Gelehrten oder die allgemeine Anerkennung seiner Qualitäten in Form eines Konsenses. Letzteres trifft auf zwei

Gruppen von Tradenten zu: die Prophetengefährten (*ṣaḥāba*) und berühmte beziehungsweise allseits geschätzte Überlieferer. Die Prophetengefährten gelten alle ohne Ausnahme als integer. Das wird durch Koranverse, Hadithe und den Konsens (*iǧmāʿ*) der muslimischen Gemeinschaft begründet. Auch die Glaubwürdigkeit berühmter und geschätzter Tradenten wird nicht mehr in Frage gestellt (Ibn aṣ-Ṣalāḥ 2006: 212 f.)

(Unter dem Konsens der Gemeinschaft der Muslime versteht Ibn aṣ-Ṣalāḥ den Konsens der dafür qualifizierten Muslime, d.h. der Gesetzes- und Hadith-Gelehrten. Diese Auffassung wurde nicht allgemein geteilt. Die šīʿitischen Gelehrten betrachten die Prophetengefährten nicht ingesamt als integer. Die imāmī Šīʿa, auch Zwölfer-Šīʿa genannt, unterscheidet zwischen drei Gruppen: a) aufrichtigen, b) nicht aufrichtigen Prophetengefährten und c) Heuchlern und Apostaten; siehe Abbas, Ali (Hrsg.) (2001): „A Shiʿite Encyclopedia". Die Gelehrten der zaydī Šīʿa sind unterschiedlicher Meinung über diejenigen Prophetengefährten, die ʿAlīʾs Anspruch auf das Kalifat nach dem Tod des Propheten nicht unterstützt haben. Ihre Positionen liegen in einem Feld zwischen denen der sunnitischen und der imāmī šīʿitischen Gelehrten; siehe Kohlberg 1976).

Wie kamen die kritischen Hadith-Gelehrten an Informationen über die Integrität und Genauigkeit von Hadith-Überlieferern? Solche Informationen zirkulierten in Gelehrtenkreisen und wurden dort weiterüberliefert. Von der ersten Hälfte des 9. Jahrhunderts an wurden sie in speziellen biographischen Sammlungen zusammengestellt, auf die man später zurückgreifen konnte. Im Lauf der Zeit wurden diese Sammlungen umfangreicher und die darin enthaltenen Informationen vielfältiger (zu diesen Werken siehe Juynboll 1995). Der Grad der Genauigkeit eines Überlieferers konnte außerdem durch Vergleichen seiner Hadithe mit ähnlichen Hadithen anderer, für ihre Genauigkeit bekannter Überlieferer ermittelt werden, wobei nicht unbedingt wörtliche Übereinstimmung gefordert war. Inhaltlich durften sie jedoch keinesfalls abweichen (Ibn aṣ-Ṣalāḥ 2006: 81). Undeutlich bleibt, ob die Prophetengefährten von einer Prüfung ihrer Überlieferungsgenauigkeit ausgenommen sind, wie das bei ihrer Integrität der Fall ist.

Eine ausdrückliche Feststellung der Glaubwürdigkeit eines Tradenten – oder des Vorliegens einer der beiden Bedingungen seiner Glaubwürdigkeit – braucht nicht begründet zu werden. Wird die Glaubwürdigkeit eines Überlieferers jedoch bezweifelt, sind die Gründe dafür anzugeben. Auch wenn ein Gelehrter keine Gründe für die Einschränkung oder Verneinung der Glaubwürdigkeit eines Tradenten nennt, gilt dieser als Zweifelsfall. Wenn andere Gelehrte die Zweifel ausräumen können, zum Beispiel wenn al-Buḫārī (gestorben 870) oder Muslim (gestorben 875) Hadithe des Betroffenen akzeptieren, dann ist dieser Überlieferer trotz einer gegenteiligen Erklärung eines anderen Gelehrten als glaubwürdig einzustufen. Die

Hadith-Sammlungen von al-Buḫārī und Muslim gelten Ibn aṣ-Ṣalāḥ als die glaubwürdigsten Bücher nach dem Koran (2006: 8, siehe auch seine Einleitung S. 1). Wird ein Tradent von einigen Gelehrten als glaubwürdig akzeptiert, von anderen nicht, so hat er als unakzeptabel zu gelten (ebd. S. 81 f. Auch in diesem Fall hat das Urteil al-Buḫārīs und/oder Muslims mehr Gewicht als das anderer Gelehrter).

Die Beurteilungskriterien, welche die Hadith-Gelehrten bei der Kategorisierung der Überlieferungen zugrunde legen, beziehen sich also in erster Linie auf die Qualität der *asānīd* und der darin vorkommenden Überlieferer. Daraus ist jedoch nicht zu folgern, dass die Texte (*mutūn*) der Hadithe bei der kritischen Beurteilung überhaupt keine Rolle spielen. Wie erwähnt, kannten die Hadith-Gelehrten die Möglichkeit, die Genauigkeit eines Überlieferers durch Vergleich mit den entsprechenden Traditionen anderer Überlieferer festzustellen. Auch die schon genannte Regel, dass selbst der Hadith eines problematischen Überlieferers akzeptiert werden kann, wenn andere Überlieferungen seine Version bestätigen, erfordert einen Vergleich seines Textes (*matn*) mit dem anderer. Am deutlichsten wird die Rolle des Textes bei der kritischen Beurteilung von Überlieferungen in der Kategorie der „schwachen" Hadithe. Die Schwäche kann sich nämlich nicht nur im *isnād* oder bei einem Überlieferer finden, sondern auch im Text des Hadith (Ibn aṣ-Ṣalāḥ 2006: 71 f.).

Gibt es noch weitere Standards, an denen sich die Beurteilung von Überlieferungen orientieren muss? Ibn aṣ-Ṣalāḥ zufolge ist es nicht mehr erlaubt, aufgrund der genannten Kriterien selbstständig ein Urteil darüber zu fällen, ob ein Hadith, als „glaubwürdig" (*ṣaḥīḥ*) oder „gut" (*ḥasan*) einzustufen ist. Man muss sich vielmehr auf die *ṣaḥīḥān*, die beiden Sammlungen glaubwürdiger Hadithe von al-Buḫārī und Muslim, oder auf die Urteile anderer anerkannter Hadith-Koryphäen verlassen, deren Textbestände gesichert und gut bekannt sind. Ibn aṣ-Ṣalāḥ begründet das mit dem niedrigen Niveau der Hadith-Gelehrtheit seiner Zeit. Die Sammlungen von al-Buḫārī und Muslim gelten ihm als die glaubwürdigsten Bücher nach dem Koran (Ibn aṣ-Ṣalāḥ 2006: 1 und 8). Ihre Versionen eines Hadith sind aus seiner Sicht als das Original (*aṣl*) anzusehen, wenn andere Sammlungen den gleichen Hadith mit einem etwas abweichenden Text bieten (Ibn aṣ-Ṣalāḥ 2006: 12).

Den höchsten Grad an Glaubwürdigkeit besitzen für ihn Hadithe, die sowohl in al-Buḫārīs als auch in Muslims Sammlung zu finden sind. Eine Stufe darunter stehen Überlieferungen, die nur in einem der beiden Hadith-Werke zitiert werden. Da die Gemeinschaft der Muslime über die Glaubwürdigkeit der in diesen zwei Sammlungen enthaltenen Hadithe einer Meinung sei, verdienten diese Überlieferungen den Status „sicheren Wissens", das heißt ihre Glaubwürdigkeit sei nicht nur hypothetisch oder wahrscheinlich (Ibn aṣ-Ṣalāḥ 2006: 15). Ibn aṣ-Ṣalāḥs Begründung dafür ist, dass die Gemeinschaft der Muslime in Dingen, über die sie Konsens (*iǧmāʿ*) erreicht hat, nicht irren kann (ebd.). Die führenden Vertreter der theoretischen Gesetzeswissenschaft (*uṣūl al-fiqh*), aber auch anerkannte Hadith-Gelehrte wie an-Nawawī (gest. 1277) sind da anderer Meinung. Sie sehen auch das nur als wahrscheinliche Glaubwürdigkeit (siehe Hallaq 1999: 82, 85 und passim). Ibn aṣ-Ṣalāḥ scheint ursprünglich auch dieser Meinung gewesen zu sein, später jedoch davon abgerückt zu sein.

Zusammenfassend kann man sagen, dass die islamische Hadith-Kritik der klassischen Periode weitgehend rationale Methoden einsetzt, um die glaubwürdigen und akzeptablen Hadithe aus der Masse der Überlieferungen herauszufiltern. Sie unterzieht primär den *isnād* und die darin genannten Überlieferer der Texte kritischer Überprüfung. Das ist naheliegend, da dieser Bestandteil eines Hadith gerade die Funktion hat, den Überlieferungsprozess zu dokumentieren. Man kennt die Methode, Texte und *asānīd* paralleler Überlieferungen miteinander zu vergleichen, um die Genauigkeit der Tradenten zu evaluieren. In der Praxis stützt man sich jedoch vor allem auf die Informationen, die über die Überlieferer gesammelt wurden und in speziellen biographischen Kompendien (*ṭabaqāt*) zugänglich waren. Die klassische Hadith-Kritik bewegt sich auf einem hohen theoretischen Niveau bei der Frage, ob sicheres Wissen durch die hadith-kritischen Methoden erlangt werden kann, macht jedoch gelegentlich aus pragmatischen Gründen Konzessionen, die „theologisch" begründet werden, zum Beispiel durch den unfehlbaren Konsens der islamischen Gemeinschaft.

Die klassische islamische Hadith-Kritik im Licht der westlichen Islamwissenschaft

4

Die durch Nicht-Muslime geprägte westliche Islamwissenschaft des ausgehenden 19. und des 20. Jahrhunderts war in der Frage der Glaubwürdigkeit des Hadith meist sehr kritisch. Ignaz Goldziher (1850–1921) und Joseph Schacht (1902–1969), die beiden einflussreichsten Gelehrten auf diesem Gebiet, sprachen den Hadithen – auch denen, die in den kanonischen Sammlungen von al-Buḫārī, Muslim und anderen enthalten sind – pauschal jede Glaubwürdigkeit ab (Goldziher 1890: 5 und passim; ders. 1904: 302; Schacht 1949; ders. 1979: 4, 149 und passim; für eine kritische Auseinandersetzung mit Goldzihers und Schachts Thesen aus westlicher islamwissenschaftlicher Perspektive siehe Motzki 2005: 206 ff., 214 f., 219 ff.; 2004: xvii-xxiii; 1991: 22 ff., 262 ff. und passim). Sie äußerten sich auch kritisch über die klassische islamische Hadith-Kritik und warfen ihr vor, dass sie sich meist nur an formalen Gesichtspunkten wie der Zuverlässigkeit der Überlieferer und der Lückenlosigkeit der *asānīd* orientiere und den Inhalt der Texte vernachlässige. Aus ihrer Sicht ist die islamische Hadith-Kritik für die Aufgabe, die sie eigentlich leisten sollte, nämlich die echten von den falschen Überlieferungen zu scheiden, ungeeignet (Goldziher 1890: 138–152; Schacht 1979: 4).

Diese negative Einschätzung der Glaubwürdigkeit des Hadith und der Effizienz der islamischen Hadith-Kritik hat dazu geführt, dass man in der westlichen Islamwissenschaft eigene Methoden zur Beurteilung und Datierung von Überlieferungen entwickelte und der islamischen Hadith-Kritik kaum Aufmerksamkeit schenkte. Kritische Untersuchungen der islamischen Hadith-Kritik sind daher Mangelware. Publikationen von James Robson sind die Ausnahme (siehe auch Motzki 2004: li–lii), allerdings beginnt sich die Situation dank der Studien von Eerik Dickinson (2001), Scott C. Lucas (2004) und Amin Kamaruddin (2005) langsam zu bessern. Die folgenden kritischen Anmerkungen zur islamischen Hadith-Kritik beruhen deshalb größtenteils auf meinen Erfahrungen im Umgang mit Hadithen und auf eigenen Überlegungen.

H. Motzki, *Wie glaubwürdig sind die Hadithe?*, essentials,
DOI 10.1007/978-3-658-04379-7_4, © Springer Fachmedien Wiesbaden 2014

Beginnen wir mit Ibn aṣ-Ṣalāḥs Forderung, dass ein islamischer Gelehrter nicht mehr selbständig einen Hadith auf seine Glaubwürdigkeit beurteilen darf, sondern sich auf das Urteil vorzugsweise von al-Buḫārī und/oder Muslim oder eines anderen Autors einer anerkannten Hadith-Sammlung verlassen muss (S. 15 f.). Was hier verlangt wird, ist der Verzicht auf eine eigene intellektuelle Lösung eines Problems und die ungeprüfte, unkritische Übernahme (*taqlīd*) der Lösung, die eine frühere Autorität gefunden hat (siehe dazu auch die Beiträge von Poya und Wenzel-Teuber in Schneiders 2010). Aus der Sicht westlicher Wissenschaftsprinzipien ist das nicht akzeptabel, da es die Freiheit des einzelnen Gelehrten einschränkt, neue wissenschaftliche Erkenntnisse verhindert und auf längere Sicht zur Abnahme der intellektuellen Fähigkeiten der Gelehrten führt. Aus der Begründung Ibn aṣ-Ṣalāḥs, dass das Niveau der Hadith-Studenten seiner Zeit so niedrig sei, dass man selbständige Forschung nicht mehr zulassen könne, ist zu folgern, dass diese *taqlīd*-Forderung eigentlich nur solange Gültigkeit hat, wie dieser Zustand andauert, und dass hervorragende Hadith-Gelehrte daran nicht gebunden sind. Doch wer entscheidet darüber?

Ibn aṣ-Ṣalāḥ spricht den Hadithen, die in den Sammlungen al-Buḫārīs und Muslims zu finden sind, höchste Glaubwürdigkeit zu. Er begründet das mit dem Konsens (*iǧmāʿ*) der Gemeinschaft der Muslime, insbesondere der Hadith-Gelehrten. Dieser Konsens könne nicht irren (S. 16). Der Konsens ist also unfehlbar, ein Zeichen göttlicher Beglaubigung. Abgesehen von den theoretischen und praktischen Problemen, die dabei auftauchen und schon von den islamischen Gelehrten diskutiert wurden – wer stellt den Konsens fest? Muss er einstimmig sein oder reicht eine Mehrheit? Wer hat eine Stimme? (siehe Bernand 1971; Krawietz 2002: 182–203) –, ist das Konzept des unfehlbaren Konsenses aus Sicht der westlichen Wissenschaft ein theologisches, kein empirisch-wissenschaftliches. Die menschliche Erfahrung lehrt, dass erstens der Konsens von Menschen über einen Sachverhalt nicht notwendiger Weise bedeutet, dass sie Recht haben, und zweitens ein einmal bestehender Konsens nicht notwendigerweise ewig währt.

Problematisch bei dieser Erhebung der beiden Hadith-Sammlungen in den Status absoluter Glaubwürdigkeit ist auch, dass sie dadurch gegen wissenschaftliche Kritik immunisiert werden und dass sich derjenige, der einen Hadith aus einer der beiden Sammlungen anders beurteilt, sich also gegen den Konsens stellt, der Gefahr aussetzt, als Ungläubiger oder vom Glauben Abgefallener betrachtet und behandelt zu werden (siehe den Beitrag von Badry in Schneiders 2010).

Aus historisch-kritischer Sicht ist die Erhebung al-Buḫārīs, Muslims und anderer anerkannter Autoren von Hadith-Sammlungen zu unangreifbaren Autoritäten auch aus folgenden Gründen fragwürdig. Wir wissen in den meisten Fällen nicht, worauf sich ihre Urteile über die Lückenlosigkeit der *asānīd* und die Glaubwürdigkeit der Überlieferer, die darin vorkommen, stützen. Wo haben sie ihre Informationen über die Überlieferer her? Wie zuverlässig sind diese Informationen und ihre Informanten? Haben sie das geprüft oder verließen sie sich auf ihren Eindruck oder die Meinungen anderer? Haben sie systematisch die Hadithe eines Überlieferers mit Parallelversionen anderer Überlieferer derselben Generation verglichen? Hadith-Gelehrte wie Ibn aṣ-Ṣalāḥ unterstellen, dass die Autoren der Sammlungen ihr Bestes getan haben, um zu ihren Urteilen zu kommen. Vermutlich haben sie mit dieser Annahme recht. Jedoch ist es unwahrscheinlich, dass zum Beispiel al-Buḫārī und Muslim, die in der ersten Hälfte des 9. Jahrhunderts lebten, als die kritische Hadith-Wissenschaft noch in den Kinderschuhen steckte, schon all die Standards gebrauchten, welche die späteren Hadith-Gelehrten wie Ibn aṣ-Ṣalāḥ als notwendig erachteten.

Außerdem ist nicht auszuschließen, dass die Autoren der ersten kritischen Hadith-Sammlungen Fehler gemacht, Informationen subjektiv bewertet, fehlende Informationen durch eigene Vermutungen ersetzt oder bei einem problematischen Überlieferer schon mal ein Auge zugedrückt haben, wenn sein Hadith im Großen und Ganzen akzeptabel oder aus inhaltlichen Gründen beachtenswert erschien. Sie waren auch nur Menschen und sie waren eine Minderheit von Gelehrten, die für ihre Vision der islamischen Gemeinschaft gegen alle möglichen intellektuellen und religiösen Strömungen ihrer Zeit kämpften (einen guten Überblick über diese Strömungen im 8. bis 10. Jahrhundert bietet Hodgson 1974: Bd. 1, S. 315 ff.).

Dazu kommt noch, dass die Informationen über einzelne Überlieferer in der Zeit al-Buḫārīs und Muslims nicht für jedermann verfügbar waren. Die beiden Gelehrten mussten mit den Nachrichten auskommen, die sie von ihren eigenen Lehrern und Informanten gehört hatten. Das Wissen anderer, dass möglicherweise ihr Urteil beeinflussen konnte, findet sich erst in den großen biographischen Werken, die in späteren Jahrhunderten zusammengestellt und damit weiten Gelehrtenkreisen zugänglich wurden. All das sind gute Gründe, auch die Urteile al-Buḫārīs, Muslims und anderer anerkannter Sammler von glaubwürdigen und akzeptablen Hadithen auf den Prüfstand zu stellen.

Beim Thema „Informationen über Überlieferer" tauchen noch weitere Fragen auf. Die islamische Hadith-Kritik hat hohe Standards gesetzt, denen Hadithe genügen müssen, um als glaubwürdig oder akzeptabel gelten zu können: Lückenloser *isnād* und glaubwürdige Tradenten in der Kette. Bei den Informationen *über* die Überlieferer gelten diese Standards jedoch nicht. Die meisten Nachrichten über Tradenten der ersten beiden islamischen Jahrhunderte haben entweder keinen oder nur einen unvollständigen *isnād* und die Glaubwürdigkeit der Überlieferer solcher biographischer Nachrichten ist selten deutlich. In den meisten Fällen war sie wohl auch nicht mehr festzustellen. Die vielen widersprüchlichen Nachrichten über die Überlieferer vor al-Buḫārī und Muslim, ihre Lebensdaten, Herkunft, Aufenthalt, Charakterzüge, Religiosität, Überlieferungsmethoden, Lehrer oder Schüler usw., zeigen, auf welch unsicheren Füßen die klassische Hadith-Kritik steht. Ein systematischer Vergleich der Überlieferungen (*isnād* und Text) eines Überlieferers mit Parallelversionen von anderen kann zwar in einigen Fällen mehr Sicherheit über die Überlieferungsqualitäten einzelner Überlieferer bringen, doch inwieweit die Autoren der Sammlungen solche Vergleiche für jeden einzelnen Überlieferer systematisch durchgeführt haben, wissen wir nicht (für eine systematische vergleichende Untersuchung von *asānīd* und den dazugehörigen Texten, um die Genauigkeit der Überlieferer festzustellen, plädiert folgerichtig Zaman 1994).

Die Nachrichten über das Leben der Überlieferer und ihre Eigenschaften sind somit kaum zu kontrollieren. Es sind meist singuläre Nachrichten, die nur durch eine Person überliefert sind und von denen Varianten, anhand derer man den Wahrheitsgehalt absichern könnte, fehlen. Das macht sowohl die Feststellung der Lückenlosigkeit der Überlieferung – hat der Überlieferer seinen Hadith tatsächlich von der vor ihm im *isnād* stehenden Person gehört? –, als auch die Beurteilung der Integrität (ʿ*adāla*) eines Tradenten zu einer unsicheren Angelegenheit. Die Lehrer- und Schülerlisten in den späten biographischen Sammlungen wie dem *Tahḏīb al-kamāl* von al-Mizzī (gestorben 1341) scheinen hauptsächlich auf der Basis der bekannten *asānīd*, nicht aufgrund von Überlieferungen über ein tatsächliches Lehrer-Schüler-Verhältnis erstellt worden zu sein. Persönliche Feindschaften zwischen Überlieferern derselben Generation oder zwischen Schüler und Lehrer können für negative Informationen über deren Integrität und Genauigkeit verantwortlich sein. Dogmatische Überlegungen über die Unersetzlichkeit der Überlieferungen eines Überlieferers können für positive Urteile gesorgt haben.

Diese Unsicherheiten, die das biographische Quellenmaterial enthält, müssen den Forscher nicht davon abhalten, dieses Material zu benutzen. Er muss sich nur darüber klar sein, was das Material hergibt und was nicht. Die Situation des islamischen Hadith-Kritikers gleicht hier der des modernen Historikers, der eine historische Person untersucht, um deren Biographie zu schreiben. Beide versuchen, sich aus dem Wirrwarr von Informationen mit bestem Wissen und Gewissen ein Bild von einer nicht mehr lebenden Person zu machen. Das Bild, das sie rekonstruieren, kann der Person gerecht werden, aber auch nicht. Sicher wissen können beide das nicht.

Ein letztes Problem, das hier angesprochen werden soll, ist die nicht bezweifelbare Glaubwürdigkeit berühmter und geschätzter Überlieferer, insbesondere die kollektive Integrität der Prophetengefährten. Wie oben erwähnt, postuliert Ibn aṣ-Ṣalāḥ, dass die Integrität und Überlieferungsgenauigkeit berühmter und geschätzter Überlieferer, nicht mehr überprüft oder in Frage gestellt werden darf, da sie die allgemeine Anerkennung der Hadith-Gelehrten genießen (S. 13). Abgesehen von der schon erörterten Konsensproblematik (S. 19), stellt sich die Frage, ob dieses Pauschalurteil adäquat ist. Die Feststellung, dass ein Überlieferer *meist* korrekt überlieferte, lässt nicht die Schlussfolgerung zu, dass er es immer tat. Irgendwelche Umstände können dazu geführt haben, dass er sich irrte, Fehler machte, etwas vergaß, seine Aufzeichnungen nicht mehr lesen konnte und so weiter. Selbst bei so berühmten Überlieferern wie Mālik ibn Anas (gestorben 795) hat man Abweichungen zu Paralleltexten mehrerer anderer Überlieferer seiner Generation gefunden, Abweichungen, die Mālik anzulasten sind und ihm auch von muslimischen Gelehrten angelastet wurden (Ibn aṣ-Ṣalāḥ 2006: 64; Motzki 1996: 194–202, 206, 211, 223 f.). Auch wenn es dabei nicht um Fälschung, sondern nur um Fehler geht, welche die Glaubwürdigkeit des betreffenden Überlieferers nicht notwendigerweise antasten, so zeigen solche Beispiele doch, dass auch die Überprüfung der Hadithe berühmter Überlieferer sinnvoll ist.

Das gilt auch für die Prophetengefährten. Nach Auffassung der muslimischen Hadith-Gelehrten sind sie alle ohne Ausnahme integer (ʿ*adl*, Plural ʿ*udūl*). Darüber besteht Konsens in der islamischen Gemeinschaft (S. 13). Das bedeutet nicht nur, dass man sie allesamt für glaubwürdige Überlieferer hält, sondern auch, dass ihre Handlungen, ihr Lebenswandel, religiös und moralisch einwandfrei waren und keinerlei Anlass zu Kritik liefern. Solch eine persönliche Integrität ist auch die Voraussetzung für jeden Muslim, der ein öffentliches Amt bekleidet oder als Zeuge vor dem Richter zugelassen wird. Er darf zum Beispiel nicht der Lüge oder des falschen Zeugnisses überführt sein, keinen Diebstahl oder ein sonstiges Verbrechen begangen haben, religiöse Normen nicht nachweislich verletzt haben (beispielsweise Wein getrunken haben) oder keine „häretischen" Auffassungen geäußert haben. (Dazu seien hier der Kürze halber auch „Neuerungen" (*bidaʿ*) gerechnet, d. h. religiöse Ideen und Gebräuche, die nicht konform sind mit denen, die von der islamischen Gemeinschaft allgemein anerkannt, d. h. durch Koran, Sunna und Konsens gestützt sind. Die islamischen Gelehrten unterscheiden zwischen „Neuerung" (*bidʿa*) und Häresie, siehe Robson 1960).

Die Prophetengefährten werden also kollektiv gegen jede Kritik und jeden Zweifel abgeschirmt. Ihre Integrität braucht und darf auch nicht überprüft werden, wie das bei allen anderen Tradenten der Fall ist. Bekannte Schwächen eines Prophetengefährten, sowohl beim Überliefern als auch im Lebenswandel, sind zu ignorieren (siehe Ibn aṣ-Ṣalāḥ 2006: 213; Kamaruddin 2005: 44 f.). So ist es zum Beispiel unerheblich, wenn ein jüngerer Prophetengefährte wie Ibn ʿAbbās etwas vom Propheten erzählt, was er selbst nicht gesehen oder gehört haben kann, ohne seine Quelle dafür anzugeben (Ibn aṣ-Ṣalāḥ 2006: 41). Selbst Hadithe, in denen im *isnād* anonym auf einen Prophetengefährten als Quelle verwiesen wird, werden aus diesem Grund akzeptiert (Kamaruddin 2005: 45), alles Dinge, die bei anderen Überlieferern nicht hingenommen würden.

Die Fragwürdigkeit des Konsenses (*iğmāʿ*) wurde schon erwähnt. Ob die Koranverse und Hadithe, die zur Stützung des Konzepts der kollektiven Integrität der Prophetengefährten angeführt werden, dieses Verständnis wirklich intendieren, sei dahingestellt. Es liegt aber nahe, anzunehmen, dass das Konzept der kollektiven Integrität der Prophetengefährten entwickelt wurde, um die Generation der Augenzeugen des prophetischen Schaltens und Waltens vor Kritik und Zweifel abzuschirmen. Diese Generation steht am Anfang aller Hadithe über den Propheten – letztlich auch in den Überlieferungen, in denen der Augenzeugenüberlieferer im *isnād* fehlt (*marāsil*) – und hat dadurch eine Schlüsselfunktion in der Überlieferung des Hadith. Außerdem ist ein und derselbe Hadith meist nur von einem einzigen Prophetengefährten überliefert. Das erklärt, warum die muslimischen Gelehrten ihnen eine Sonderstellung unter den Überlieferern einräumten.

Vom Gesichtspunkt der historisch-kritischen Wissenschaften betrachtet, ist dieses Konzept jedoch fragwürdig. Es ist ein theologisches Konstrukt, das dazu dient, die Lückenlosigkeit der Überlieferung bis zum Propheten zu gewährleisten. Die Prophetengefährten waren Menschen mit Schwächen wie andere Menschen auch. Es ist unwahrscheinlich, dass die rund 1000 Prophetengefährten, die als Überlieferer in den kanonischen Sammlungen genannt sind, alles ‚brave Schäfchen‘ waren. Die biographische und historische Literatur ist voll von Berichten, welche die Sünden, Fehler und Schwächen der Prophetengefährten nicht verschweigen.

Es ist ebenso unwahrscheinlich, dass sich ein Prophetengefährte Jahrzehnte nach dem Tod Muḥammads noch genau an einen Ausspruch und eine Handlung erinnern konnte, die dieser in dessen Beisein gesagt oder verrichtet hatte, ohne dass die Situation, die einen Prophetengefährten zur Mitteilung des Hadith veranlasste, oder die turbulente Geschichte der islamischen Gemeinschaft nach dem Tod des Propheten, oder auch nur der Zahn der Zeit seine Spuren im Gedächtnis des Prophetengefährten hinterließ. Oft geht es in den Überlieferungen ja um kleine Dinge des alltäglichen Lebens, keine großartigen Ereignisse, die eher im Gedächtnis haften bleiben.

Es überrascht daher nicht, dass es Überlieferungen gibt, die berichten, dass schon einzelne Prophetengefährten Zweifel an der Glaubwürdigkeit oder Korrektheit von Hadithen anderer Prophetengefährten geäußert haben (siehe az-Zarkašī 1939). Einer der kritisierten Prophetengefährten ist Abū Huraira. Er ist eine Ausnahmeerscheinung unter den Tradenten. Der Überlieferung über ihn zufolge bekehrte er sich drei Jahre vor dem Tod Muḥammads und hatte erst danach häufig Kontakt zu ihm. Von Abū Huraira sind in den kanonischen Sammlungen mehr als 3300 Hadithe enthalten, ʿĀʾisha oder ʿUmar jedoch, die viel länger mit dem Propheten zusammen waren, kommen nur auf jeweils knapp 2000. Kritische Bemerkungen von Prophetengefährten über Abū Huraira finden sich in Aḥmad ibn Ḥanbals *Musnad* (Goldziher 1896: 91 f.; zur modernen innermuslimischen Diskussion über Abū Huraira siehe Juynboll 1995: 62 ff.).

Zum Abschluss dieses Paragraphen sei betont: Die hier vorgebrachten kritischen Anmerkungen – es konnten nur einige der Punkte angesprochen werden, die aus der Sicht der westlichen Hadith-Forschung problematisch sind (für weitere Forschungsprobleme siehe Motzki 2004) – sind nicht in der Absicht gemacht, die Anstrengungen und Leistungen der klassischen islamischen Hadith-Kritik herabzusetzen. Schachts Vorwurf, dass diese zu ihrer Aufgabe ungeeignet sei (S. 17 f.), wird ihr nicht gerecht. Dieser Vorwurf ist anachronistisch, da er die moderne historisch-kritische Forschung als Maßstab für die Beurteilung einer „theologischen" Disziplin nimmt, die sich mehr als 1000 Jahre früher entwickelt hat. Deren Aufgabe war es in erster Linie, die Sunna des Propheten als zweite Quelle der Scharia zu sichern. Das taten die Hadith-Gelehrten mit den Mitteln und den Quellen, die ihnen zur Verfügung standen, und das erstaunlich rational. Über weite Strecken gingen sie vor wie moderne Historiker (siehe auch Noth 1991). Lediglich an einigen problematischen Punkten, an denen ihre Aufgabe zu scheitern drohte, haben sie sich mit Hilfe des Konsenskonzepts dogmatische Brücken gebaut, um ihr Ziel zu erreichen. Schließlich haben die Hadith-Gelehrten versucht, ihre Errungenschaften zu konsolidieren, indem sie an einigen Stellen Schilder mit der Aufschrift „Betreten verboten!" aufrichteten und diese dogmatisch absicherten. Davon abgesehen haben sie aus der Sicht des modernen Historikers ihre Aufgabe durchaus erfolgreich gelöst.

Die moderne historische Wissenschaft, die sich in Europa im Lauf von Jahrhunderten aus der Vormundschaft von Religion und Theologie befreit hat, versteht die Beschäftigung mit der Vergangenheit nicht mehr so wie die Religionsgelehrten früherer Zeiten. Sie sieht ihre Aufgabe nicht mehr darin, religiöse Doktrinen zu historisieren und durch die Vergangenheit zu legitimieren. Sie will ein Stück Vergangenheit erforschen und sich ein neues Bild davon machen, das die Bilder, die sich frühere Generationen von diesem Stück Vergangenheit gemacht haben, ersetzt. Sie untersucht die früheren Bilder daher mit kritischem Blick, um die Ideen zu entdecken, die diese Bilder strukturieren, um das Material zu sichten, das sie benutzten, und um festzustellen, was davon für eine neue Sicht auf die Vergangenheit brauchbar ist.

Der historisch-kritische Islamwissenschaftler, der sich mit den Anfängen des Islam und damit notwendigerweise mit den Quellen, den Überlieferungen über diese Anfänge, befasst (siehe auch den Beitrag von Kiltz in Schneiders 2010), wird sich daher hüten, die dogmatischen Brücken zu betreten, welche die muslimischen

Hadith-Gelehrten gebaut haben, und er ignoriert auch ihre Verbotsschilder. Ansonsten geht er nicht viel anders vor als die muslimischen Gelehrten. Er prüft das Quellenmaterial, das vorhanden ist, akribisch auf seine Tauglichkeit für *seine* Zielsetzung, die lautet: unabhängig von religiösen Befindlichkeiten und theologischen Prämissen herauszufinden, wie es wirklich gewesen ist – frei nach dem großen Historiker Leopold von Ranke (1795-1886). Dabei orientiert er sich weniger an den Überliefererketten und Tradenten, sondern untersucht den Zusammenhang zwischen Überliefererketten und den damit verbundenen Texten, um festzustellen, in welchem Umfang ein Überlieferungsprozess überhaupt nachweisbar ist. Er achtet auch mehr als die muslimischen Gelehrten auf den Inhalt der Überlieferung und auf mögliche Anachronismen.

Im Zentrum der historisch-kritischen Untersuchung des Hadith steht die Datierung der Überlieferungen, also die Frage, wie dicht an den darin angesprochenen Ereignissen die Überlieferungen stehen, weniger die Frage der letztlichen Glaubwürdigkeit, die ja doch nur selten beantwortet werden kann. Daher verlagert sich der Schwerpunkt der Untersuchung stärker auf die Überlieferungs*geschichte* der Hadithe. Im Gegensatz zu den muslimischen Gelehrten benutzt der Islamhistoriker die überlieferten Informationen über die Tradenten der Hadithe mit Vorsicht und Zurückhaltung, da diese Informationen weniger gut zu kontrollieren sind. Er versucht jedoch, auch diese Informationen zu überprüfen, indem er sie mit den Ergebnissen der Hadith-Analyse vergleicht. Das ist zumindest die von mir und anderen erprobte Vorgehensweise (siehe auch Motzki 2002: 245–287; 1996; 2000; und die Arbeiten von Gregor Schoeler, Andreas Görke, Ulrike Mitter und anderen, zu finden in der Bibliographie von Motzki 2004a: lvi, lviii-lx). Im Übrigen schätzt der Islamhistoriker seine „Wahrheit" ähnlich vorsichtig ein wie die klassischen muslimischen Theoretiker der Gesetzeswissenschaft und begnügt sich mit einer mehr oder weniger großen Wahrscheinlichkeit oder einem hypothetischem Status seiner Darstellung. Unter den westlichen Islamwissenschaftlern gibt es allerdings unterschiedliche erkenntnistheoretische Auffassungen über die Brauchbarkeit bestimmter historischer Quellentypen und über die Möglichkeiten historischer Rekonstruktion (zu der Hadith-relevanten Diskussion darüber siehe Motzki 2003, 2009 und 2010; allgemein zu dieser Problematik siehe Schöller 2000).

Fazit

5

Da sich in der Frühzeit des Islam die Sunna (der Brauch) des Propheten Muḥammad nach dem Koran als zweitwichtigste Quelle der Religion herauskristallisierte, stellte sich bald die Frage nach der Glaubwürdigkeit der Hadithe, der Überlieferungen über die Sunna. Mit dieser Frage beschäftigten sich zwei verschiedene Gruppen von Gelehrten. Die Theoretiker der klassischen islamischen Gesetzeswissenschaft, die sich vor allem mit deren Quellen (*uṣūl al-fiqh*) befassten, erkannten, dass die Echtheit der Hadithe über die Sunna des Propheten nur in seltenen Fällen mit Sicherheit feststellbar ist und dass man sich im Allgemeinen mit einer mehr oder weniger wahrscheinlichen Glaubwürdigkeit begnügen müsse. Die Hadith-Spezialisten dagegen entwickelten Kriterien, mit denen sie glaubten, mit ziemlicher Sicherheit die glaubwürdigen Hadithe aus der Masse der Überlieferungen herausfiltern zu können. Eine große Rolle spielte dabei die Überprüfung der Überliefererketten (*asānīd*), welche die Funktion haben, den Überlieferungsprozess zu dokumentieren. Sie stützte sich auf Informationen über die einzelnen Überlieferer, die im 9. Jahrhundert ebenso gesammelt wurden wie die Überlieferungen selbst.

Aus der Sicht der zeitgenössischen westlichen Islamwissenschaft ist festzuhalten, dass die Hadith-Gelehrten bei ihren Versuch, glaubwürdige von weniger glaubwürdigen Überlieferungen zu unterscheiden, weitgehend rationale Methoden benutzten. Nur bei einigen problematischen Punkten, bei denen sie zu scheitern drohten, nahmen sie Zuflucht zu dogmatische Lösungen, die nicht mehr hinterfragt werden durften. Einige dieser Probleme sind in Paragraph 4 beschrieben. Sie führen zu der Schlussfolgerung, dass die Überlieferungen vom Propheten, welche die Hadith-Gelehrten als definitiv glaubwürdig ermittelt haben, dieses Prädikat aus historisch-kritischer Sicht nicht wirklich verdienen. Eher trifft auf diese Überlieferungen das Urteil der islamischen Gesetzesgelehrten zu, die nur von einer mehr

H. Motzki, *Wie glaubwürdig sind die Hadithe?*, essentials,
DOI 10.1007/978-3-658-04379-7_5, © Springer Fachmedien Wiesbaden 2014

oder weniger wahrscheinlichen Glaubwürdigkeit ausgingen. Abschließend ist eine der Zugangsweisen heutiger westlicher Islamwissenschaftler zu den Hadithen umrissen, die sich stärker auf deren Überlieferungs*geschichte* als auf die Frage ihrer Glaubwürdigkeit konzentriert.

Literatur

Abbas, A. (Hrsg.) (2001). „A Shi'ite Encyclopedia". In *al-islam.org/encyclopedia*, Version 2.0, Oktober 1995, revised January 2001.

Bernand, M. (1971). Art. „Idjmā'". In *Encyclopaedia of Islam* (2. Aufl., Bd. 3). Leiden, S. 1023–1026.

Dickinson, E. (2001). *The development of early Sunnite Ḥadīth criticism. The Taqdima of Ibn Abī Ḥatim al-Rāzī*. Leiden.

Goldziher, I. (1890). „Über die Entwicklung des *Hadîth*". In I. Goldziher (Hrsg.), *Muhammedanische Studien* (Bd. 2, 1–274). Halle.

Goldziher, I. (1896). „Neue Materialien zur Litteratur des Ueberlieferungswesens bei den Muhammedanern". In *Zeitschrift der Deutschen Morgenländischen Gesellschaft* 50 (1896), zit. n. dem Wiederabdruck in ders. *Gesammelte Schriften*. (Hrsg.) J. Desomogyi, Bd. 4, Hildesheim 1970, S. 67–110.

Goldziher, I. (1904). „The principles of law in Islam". In *The historians history of the world* (Bd. 8). London, S. 294–304.

Hallaq, W. B. (1990). „On inductive corroboration, probability and certainty in *Sunnī* legal thought". In N. Heer (Hrsg.), *Islamic law and jurisprudence. Studies in honor of Farhat J. Ziadeh*. Seattle u. a., S. 3–31.

Hallaq, W. B. (1997). *A history of Islamic legal theories. An introduction to Sunnī uṣūl al-fiqh*. Cambridge.

Hallaq, W. B. (1999). „The authenticity of prophetic *Hadīth*. A pseudo-problem". *Studia Islamica, 90*, 75–90.

Hodgson, M. G. S. (1974). *The venture of Islam. Conscience and history in a world civilization* (Bd. 1). *The classical age of Islam*. Chicago.

Ibn aṣ-Ṣalāḥ aš-Šahrazūrī. (1990). *Muqaddimat Ibn aṣ-Ṣalāḥ wa-maḥāsin al-iṣṭilāḥ* [*Kitāb ma'rifat anwā' 'ilm al-ḥadīṯ*], hrsg. v. 'Ā'iša 'Abd al-Raḥmān, (2. Aufl.). Kairo [1. Aufl. 1974].

Ibn aṣ-Ṣalāḥ al-Shahrazūrī. (2006). *An introduction to the science of Ḥadīth*, übers. v. E. Dickinson. Reading [*Kitāb ma'rifat anwā' 'ilm al-ḥadīṯ*].

Juynboll, G. H. A. (1969). *The authenticity of the tradition literature. Discussions in modern Egypt*. Leiden.

Juynboll, G. H. A. (1995). Art. „Ridjāl", In *Encylopaedia of Islam* (2. Aufl., Bd. 8). Leiden, S. 514–519.

Kamaruddin, A. (2005). The reliability of Ḥadīth-transmission. A re-examination of Ḥadīth-critical methods. Bonn [Diss.].

H. Motzki, *Wie glaubwürdig sind die Hadithe?*, essentials, DOI 10.1007/978-3-658-04379-7, © Springer Fachmedien Wiesbaden 2014

Kohlberg, E. (1976). „Some Zaydī views on the companions of the Prophet". In *Bulletin of the School of Oriental and African Studies, University of London 39*(1), 91–98.

Krawietz, B. (2002). *Hierarchie der Rechtsquellen im tradierten sunnitischen Islam.* Berlin.

Lucas, S. C. (2004). *Constructive critics. Hadīth literature, and the articulation of Sunnī Islam. The legacy of the generation of Ibn Saʿd, Ibn Maʿīn, and Ibn Ḥanbal.* Leiden.

Motzki, H. (1985). „Geschlechtsreife und Legitimation zur Zeugung im frühen Islam". In E. W. Müller (Hrsg.), *Geschlechtsreife und Legitimation zur Zeugung.* Freiburg i. Br. u. a. S. 479–550.

Motzki, H. (1991). *Die Anfänge der islamischen Jurisprudenz. Ihre Entwicklung in Mekka bis zur Mitte des 2./8. Jahrhunderts.* Stuttgart.

Motzki, H. (1996). „*Quo vadis Ḥadīt*-Forschung? Eine kritische Untersuchung von G.H.A. Juynboll: ‚Nāfiʿ the *mawlā* of Ibn ʿUmar, and his position in Muslim *Ḥadīth* literature'". In *Der Islam 73*, S. 40–80; S. 193–231.

Motzki, H. (2000). „Der Prophet und die Schuldner. Eine *Ḥadīt*-Untersuchung auf dem Prüfstand". *Der Islam, 77,* 1–83.

Motzki, H. (2002). *The origins of Islamic jurisprudence. Meccan fiqh before the classical schools.* Leiden [verbesserte Neuausgabe von *Die Anfänge der islamischen Jurisprudenz*].

Motzki, H. (2003). „The question of the authenticity of Muslim traditions reconsidered. A review article". In H. Berg (Hrsg.), *Method and theory in the study of Islamic origins.* Leiden, S. 211–257.

Motzki, H. (2004). „Introduction". In H. Motzki (Hrsg.), *Ḥadīth. Origins and developments.* Aldershot, S. xiii–lxiii.

Motzki, H. (Hrsg.) (2004a). *Ḥadīth. Origins and developments.* Aldershot.

Motzki, H. (2005). „Dating Muslim traditions. A survey". In *Arabica 52,* S. 204–253.

Motzki, H. (2009). „Islamic law. Transmission and authenticity of the reports from the prophet". In Stanley N. Katz (Hrsg.), *The Oxford international encyclopaedia of legal history* (Bd. 3, S. 330–333). Oxford.

Motzki, H. (2010). „The origins of Muslim exegesis. A debate". In H. Motzki (Hrsg.), *Analysing Muslim traditions. Studies in legal, exegetical and maghāzī Ḥadīth.* Leiden/Boston.

Noth, A. (1991). „Gemeinsamkeiten muslimischer und orientalistischer Ḥadīt-Kritik. Ibn al-Ǧauzīs Kategorien der Ḥadīt Fälscher". In U. Tworuschka (Hrsg.), *Gottes ist der Orient, Gottes ist der Okzident. Festschrift für Abdoldjavad Falaturi zum 65. Geburtstag.* Köln u. a., S. 40–46.

Robson, J. (1960). Art. „Bidʿa". In *Encyclopaedia of Islam* (2. Aufl., Bd. 1). Leiden, S. 1199.

Schacht, J. (1949). „A revaluation of Islamic tradition". *Journal of the Royal Asiatic Society, 49,* 143–154.

Schacht, J. (1979). *The origins of Muhammadan jurisprudence* (5. Aufl.), Oxford [1. Aufl. 1950].

Schöller, M. (2000). *Methode und Wahrheit in der Islamwissenschaft. Prolegomena.* Wiesbaden.

Schneiders, T. G. (Hrsg.) (2010). *Islamverherrlichung. Wenn die Kritik zum Tabu wird.* statt, Wiesbaden.

Tyan, E. (1960). Art. „ʿAdl". In *Encylopaedia of Islam* (2. Aufl., Bd 1). Leiden, S. 209–210.

Zaman, I. (1994). „The science of *rijāl* as a method in the study of Ḥadīths". *Journal of Islamic Studies 5,* 1–34.

Zarkašī, Badr ad-Dīn az- (1939). *Al-Iǧāba li-īrād mā ʾstadrakat Āʾisha ʿalā ʾṣ-ṣaḥāba.* Damaskus.